保育士のための

発達障害児の見つけかた

は じ め に

　私は「発達障害児」と表現される子どもたちに関する領域を専門としています。

　この数年、保育園や幼稚園から、発達障害児？　と思われる子どもたちへの支援を依頼される仕事が増えました。1回につき2〜3クラス、4〜5名程度の子どもたちの支援を頼まれます。

　あるときの支援の様子を記してみます。

　教室を回りながら、園長先生が「担任の先生があの子の○○なところが気になると言っています」と、4人の子どもたちを教えてくれました。

　園長先生の説明を受けてから、2時間程度保育の様子を見せてもらいました。見るだけでなく、教室のなかに入って子どもたちの作品作りを手伝ったり、一緒に遊んだりもしました。壁に飾られた子どもたちの作品も見ました。給食も子どもたちと一緒に食べました。

　お昼寝の時間になってから、園長先生と担任の先生方と話をしました。担任の先生方は切り出す言葉に悩まれていたの

で、その４人の子どもたちについて「まず、私の見立てをお話ししていいですか？」と言って話を始めました。

「日課の変更を嫌がるのではないでしょうか？」

「友だちを押したり叩いたりしてトラブルを起こしているのではないでしょうか？」

「裏返しで着るなど身辺処理に手間がかかるのではないでしょうか？」

……というように、その子どもたちが普段起こしているだろう、困った言動や問題になる生活習慣などを想像しながら話しました。そのほか、私が気になった子どもが２名いたのでそのことも伝えました。すると「本当は、その子も見てほしいと担任から言われたのですが、時間的に無理だろうと私が判断して伝えませんでした」と園長先生から言われました。

見ていない場面のことを話しているのに、その話があたっているので、担任の先生方は私の話に引き込まれていきました。園長先生も、「短い時間でよくわかるなあ」というような表情で私の話に耳を傾けてくれました。

そのあと、私は、なぜ子どもたちが困った言動をとるのかを、それぞれの子どもの「脳機能のあり様」という面から説明し、同時に、脳機能の状態に応じた支援のあり方を助言しました。そして、いくつかの質問に答えて支援が終了しました。

はじめに　5

　数日後、「わかりやすく納得できる助言でした」「またお願いします」と、園長先生と担任の先生方からうれしい感想をいただきました。

　私が２時間程度の観察で、保育士さんが気になっている子どもが誰なのか、あるいは、その子らの特性を見抜き、彼らの普段の様子（実際には見ていない様子）を言いあてることができたのは、なぜでしょうか？
　気になる子どもたちには、適切な支援が必要ですが、それを実現するには、まずその子どもたちを発見しなくてはいけません。発見するためには、一緒に過ごしているだけではなく、発見するためのポイントを心にしっかりもって、観察することが重要です。
　また、気になる子どもには、いくつかの「タイプ」があります。そのタイプごとに、子どもたちの言動にあらわれてくる特徴は異なります。そのため、そのタイプを理解することが、発見の近道になります。
　そして最も重要なことは、発見したのち、その子にあった支援をすることです。ある子どもに効果のある支援が、ほかの子どもにも効果があるとは限りません。その子どもに適した支援の方法を考えなくてはいけません。
　この本では、発達障害がある子どもを発見するためのポイ

ントと、その子どもたちの支援の方法について、子どものタイプごとにご紹介したいと思います。

　なお、これから記すことは、専門的な医学的知識によるものではなく、あくまで実際の支援をもとに私が考えてきたことです。保育の現場で、何を見て、発達障害がある子どもを発見しているのか、また、どのような支援のあり方を助言しているのか、などについて書いてみようと思います。

　私の知識が、子どもたちのためにがんばっている保育士さんたちの役に立つことを願って、精一杯話をすすめてみます。

目　　次

はじめに　3

第1章　「発見」のすすめ …………………………………………9

1. 保育士さんへの期待　9

2. なぜ「発見」してほしいのか　12

3. 診断の難しさ　14

4. 人としての違い　16

5. 発見するためのアンテナ　19

6. 診断名は必要ですか？　22

7. 保育士さんに必要なもの　23

第2章　身近な障害 …………………………………………27

1. 特殊な障害ではない、ということ　27

2. 専門家の責任　29

3. 発達障害をどのように表現するか　31

4. 3/4の人が「正常」ではないということ　35

第3章　違和感の正体……………………………………38

1. 3つのタイプ　38

2. 脳機能のあり様の違い　39

3. 「違い」を説明するための方法　42

4. 違和感を理解するために　50

5. 違和感を表現するとき　51

第4章　発見の仕方 ……………………………………55

1. 「少ない情報で素早く結論を出すタイプ」に対して　55

2. 「たくさんの情報で慎重に結論を出すタイプ」に対して　60

3. 「脳の発達が緩やかで少し幼いタイプ」に対して　64

第5章　支援の仕方 ……………………………………70

1. 「少ない情報で素早く結論を出すタイプ」の支援　73

2. 「たくさんの情報で慎重に結論を出すタイプ」の支援　78

3. 「脳の発達が緩やかで少し幼いタイプ」の支援　83

4. まとめにかえて　89

おわりに　91

挿画　草野和子

第1章

「発見」のすすめ

1. 保育士さんへの期待

「インクルーシブ教育」という言葉をご存知でしょうか？

世界中の国々が、障害のない子どもも障害のある子どもも同じ場で共に学ぶことを目指していて、それを表現した言葉です。平成19年に日本が署名した「障害者の権利に関する条約（国連）」のなかで使われた言葉ですが、文部科学省からその旨の報告が出されたのは平成24年ですので、まだ新しい言葉・概念になります。

けれども、保育の現場にいる皆さんにとって、このインクルーシブ教育とは、決して真新しいことではありません。私がいま感じているのは、保育士さんたちはこれまでもインクルーシブ教育の最前線にいたし、いまもそこにいるということです。

障害のある子どもは、障害児保育施設に通ったり、統合保育が実施されている保育園や幼稚園に通ったりしています。

その意味では、インクルーシブ教育は一部の保育園や幼稚園の話のように思えます。しかし、「発達障害」ということになると、すべての保育園や幼稚園がインクルーシブ教育の試行と実践の場、ということになるのです。

　発達障害がある子どもたちは、知的発達の遅れがなく、視覚や聴覚、身体機能にも障害はないとのことなので、ちょっと気になるところがあっても「普通」と思われるからです。

　「普通の子ども」と思われていますから、当然、住んでいる地域の保育園や幼稚園に通います。幼児期に医療機関を受診し、発達障害の診断名がつく子どもはごく一部です。幼児の特性と発達障害の特性はとても似たところがあり、幼児期では判別が困難だからです。わが子が発達障害であることに気づいている保護者はとても少ないです。ですが統計的には

このなかにも……

発達障害児は17人に1人程度と言われているので、どの保育園や幼稚園にも必ずいると言っても過言ではないでしょう。

　小学生になると、集団学習の場で、少し気になるところが目立つようになり、教師が保護者に医療機関の受診をすすめるようになります。そして、保護者もその気になります。この時期になると、発達障害の特性が顕著に現れていますから、受診すれば診断名がつきます。診断名がつけば、支援員が加配されたり、通級指導学級に通ったり、場合によっては、進級するときや中学生になるときなどに特別支援学級や特別支援学校に変わったりもします。

　「障害者の権利に関する条約」と同年にスタートした特別支援教育が充実すればするほど、「インクルーシブ教育」という理念から離れてしまう、という現実がそこにはあります。発達障害の診断がなされ、特別な支援が始まることで、発達障害児の支援が担任の先生の手を離れて、特別な教育環境のなかで専門の教師の手に委ねられてしまうことも少なくありません。

　このような現状のなかで、私は、保育士さんたちこそ「インクルーシブ教育」の最前線に立つ人たちだと思うのです。ぜひ、一人ひとりがインクルーシブ教育の最前線で奮闘していることを自覚し、発達障害児の支援に主体的に取り組んでください。発達障害の特性と幼児の特性はとても似ていま

す。幼児教育のノウハウは発達障害児の支援にも使えるものがたくさんあります。すべての子どもを温かく包み込もうとがんばっている保育士さんであれば、あとほんの少しの知識をもつだけでいいのです。あとほんの少しの知識をもつだけで、日々の実践がさらに素敵なものになり、障害のない子どもと障害のある子どもが共に学ぶインクルーシブ保育が実現するのだと思います。ぜひ、保育士さんの手で発達障害がある子どもたちを健やかに育んでほしいと願います。

2．なぜ「発見」してほしいのか

前述のように、発達障害は、知的発達の遅れがなく、視覚や聴覚、身体機能にも障害はないということが前提になっています。はっきりした障害や病気がないにもかかわらず、対人関係や日常の行動等にさまざまな困難さがあり、健常な発達が阻害されます。

個人的に医療機関の診断名にはそれほど重きをおいていないのですが、診断名としては、「LD（学習障害）」「ADHD（注意欠陥多動性障害）」「自閉症スペクトラム障害」などとなります。

さまざまな身体的障害、または病気などが原因で健やかな発達が阻害されている場合は、保育園や幼稚園に入園したと

きすでに医者の診断がなされているでしょうから、それに従い、障害や病気に配慮した保育をおこなってください。あなたが発見する必要はありませんし、その支援方法も書籍等で十分に記されています。

あなたに発見してほしいのは、発達障害がある子どもたちです。早期からの支援の重要性については、改めて言う必要はないでしょう。一日でも早く発見することができれば、それだけ早く必要な支援をおこなうことができます。そして、子どもたちの健やかな発達を支えることができます。

「ちょっと気になるな」と思われても、多くの発達障害児は7〜8歳になるまで、必要な支援を受けることがありません。なぜなら、発達障害ゆえの困難さが顕著になるのは、小学校低学年から中学年にかけての時期が多いからです。その時期に問題が顕在化して、「教員が保護者に医療機関の受診をすすめ、診断名がついたら特別な支援が開始される」、それが現在のスタンダードのようです。

幼児期にそれらの子どもたちが注目されなかったとしても、それは保育園や幼稚園の責任ではありません。小学校に入る前には市町村教育委員会が立ち会う検診が実施されますが、専門的な知識をもった人たちがおこなう検診でも発達障害は発見できないし、また、発見しにくいのです。

しかし、学校教育法や発達障害者支援法など、法関係の整

備等の影響もあり、保育園や幼稚園では、発達障害児への早期支援の重要性が認識されはじめ、「何とかしてあげたい」という機運が高まってきています。

これまで気になっても、発達の個人差ととらえることもできるため特別な支援が必要だとまでは言い切ることができなかった子どもたちが、「もしも何か困難なことがあるのであれば、特別な支援が必要な子どもではないか」と思われるようになってきたのだと思います。その結果、できる範囲で、その子に適した支援をおこなっていこうという動きが出てきたのではないでしょうか。いま、そのような機運を強く感じています。

「発見すること自体が重要なのではない。早期支援が必要だからこそ、一日も早く発見してほしい」——それが私の願いです。それは保育園や幼稚園のニーズとも合っていると思っています。

3. 診断の難しさ

医療機関は、アメリカ精神医学会の診断基準であるDSM-Ⅴというものを使って診断をおこなっています。これは、現れる症状から診断する方法で、顕著な症状がいくつも現れないと的確な診断ができません。また、診断するにあた

って多くの医療機関が WISC-Ⅳという知能検査を実施しますが、これはあくまで DSM-Ⅴ による診断を裏付ける資料として扱われます。「WISC-Ⅳの結果がこうだから発達障害である」というふうには解釈できないのです。そのため、発達障害を専門とする医師ですら、幼児に対して学習障害（LD）や ADHD の診断をするのはとても困難です。

　学習障害（LD）は、書く・読む・計算するなどの学習能力に関する障害で、遊び中心の生活を送っている幼児期では発見が困難です。また、ADHD は年齢に不釣り合いな注意力不足・多動性・衝動性があると言われますが、もともとそのような特徴は、幼児期だと判定が難しいものです。かろうじて自閉症に限定すれば、言葉の発達に問題があるとされているので幼児期でも判定できますが、自閉症スペクトラム障害ということになると、言葉の発達に問題がない場合も含まれるので判定が難しいのです。

　発達障害の専門家と言われる人たちのなかには、時おり、診断名を明言し、その症状とその対処法のみを述べる人がいます。

　「あの子は間違いなく自閉スペクトラム症です。自閉スペクトラム症ですから、こだわりが強いのです。自閉スペクトラム症なのでこのような教室環境を用意し、視覚的な教材を使って指導してください。絵カードを使ったコミュニケーシ

ョンが有効ですからこのような絵カードを用意しましょう」というように、助言する人です。

　しかし、私は、診断が難しいことと併せて考え、安易に診断名を口にすることは子どもに障害というレッテルを貼ることだと思います。また、特殊な指導法のやり方だけ伝えると他の子どもとは違う異質な存在であるかのように印象づける危険性がある、と感じています。

4. 人としての違い

　私は、通常学級に在籍している発達障害児とかかわるようになってから、障害名や診断名ではなく、違う形で表現できないか、長いこと考えてきました。他の子どもたちとちょっと違うところはあるけれども、その違いは、あくまで誰にでもある「人としての違い」として理解してもらうような表現方法はないものかと考えてきました。

　いまもその表現方法は確立できていませんが、「欧米人的な脳と日本人的な脳」「男性的思考の脳と女性的思考の脳」「理系教科が得意な脳と文系教科が得意な脳」「少ない情報をもとに素早く処理する脳とたくさんの情報をもとに慎重に処理する脳」というように、さまざまな表現を使いながら子どもの特性を説明するようにしています。

あくまで一般論にすぎませんが、男性は女性からみると、論理性にこだわり融通が利かないというイメージがあるようです。また、高校時代を思い出せば、理系教科が得意な人と文系教科が得意な人がいました。理系教科が得意な人は計算が速く記憶力も抜群でしたし、文系教科が得意な人は情感豊かな作文などを書いていました。

　たとえば、理屈っぽいことを言い、人に合わせようとしないためにトラブルを起こす子がいるとしましょう。その子の状況は、女性だけの集団のなかに男性が一人紛れ込んだような状況、あるいは、文学部に数学と理科だけが得意な人が一人紛れ込んだような状況に似ていませんか。その状況を想像すると、トラブルの理由が理解できるような気がしませんか。もしかしたら、その子の脳は、他の子の脳よりいわゆる「男っぽい」脳、あるいは、理系教科が得意な脳と言えるタイプなのかもしれません。

　そうであるとすると、その子の思考のあり様に合わせて、注意や指導などをおこなう必要があります。「人の気持ちや場の雰囲気を理解しなさい」と注意するのではなく、人の気持ちや場の雰囲気を論理的に説明してわからせてあげる工夫、あるいは、人の気持ちや場の雰囲気など目に見えないものを目に見える絵などで表現してあげる工夫が必要になると思います。

女の子のなかに一人男の子がいるような

　また、その子はマニュアル書を読むことは得意だけれども、物語を読むことは苦手で、行間にある作者の心情を読み取ることには困難が多いはずです。その点も考えたら、長々と続く言葉だけでの注意や叱責は避けた方がよいでしょう。短いセンテンスで注意したり視覚的にわかりやすい教材を用意して指導したりする必要があるでしょう。

　男性と女性の思考に何らかの違いがあること、または、理系教科が得意な人と文系教科が得意な人がいることは、よく知られています。だからといって、どちらかがより優れている、というふうには思われていません。

　上記のように表現すると、自閉症スペクトラム障害の特性が顕著にみられる子どもでも、特別視される危険性を減らしつつ、自閉症スペクトラム障害の特性をその子の特性に置き換えてうまく説明できます。

5. 発見するためのアンテナ

　発達障害がある子どもを適切に発見する——それは、あなたのアンテナ感度の良し悪しにかかっています。

　発達障害がある子どもを発見するためのアンテナとは、子どもの言動や日々の生活の様子に違和感をもつ感性のことで、人それぞれに感度が違っています。もちろん、ベテランの先生と新人の先生は違っていて当たり前ですが、一概にベテランだから感度がいい、新人だから感度が悪い、とは言えません。

　じっくり丁寧に発達障害児と向き合える医療や専門教育の現場と違って、保育の現場では日々が慌ただしく過ぎていきます。ちょっとした違和感にこだわっていたら一日が終わらない、というような環境のなかで、感度が鈍くなってしまうこともあるでしょう。また、アンテナは「勉強」というクロスで日々磨いていないとすぐに錆びつくものなので、ベテランの先生でもアンテナが錆びつく危険はあります（アンテナが錆びついている人はこのような本は読まないので言いにくいことも安心して書いています）。

　発達障害がある子どもを発見するためのアンテナ感度を上げるためには、発達障害に関する基礎的な知識が必要になり

ます。そしてまた、健常発達と言われる幼児のオーソドックスな発達のあり様を体得しておくことも重要です。3歳児はどのような言動をとるか、4歳児はどうか、5歳児は……ということです。

さて、あなたのアンテナ感度について、まず確認したいことがあります。

あなたは、子どもたちのことが好きですか。そして、先輩等の助言に耳を傾けていますか。指導に関する本を読むなどして勉強を続けていますか。教材研究もがんばっていますか。そうであれば大丈夫です。

「はじめに」で私の支援の様子を書きました。そのなかで1回の支援で2～3クラスで4～5人程度の支援を頼まれることを書きましたが、どこの保育園・幼稚園でも支援を依頼される場合、30～40人の幼児がいたらそのなかに4～5人程度、保育士さんが違和感をもつ子どもがいます。あなたが違和感をもつ子どもたちの数がそのくらいの割合なら、その感度で十分だと思います。

平成24年に文部科学省が発表した調査結果によると、公立の小中学校に通う普通学級の児童生徒で、発達障害の可能性のある子どもは6.5%とのことなので、上記の1割強という数字は少し多いかもしれません。しかし、それくらい感度がよい方が、より多くの子どもたちを発見できます。そして

より適切な支援をおこなうことができます。

　もちろん、皆さんが違和感をもった子どもたちのうち何人かは成長が少しゆっくりしているだけで、小学校に入学してからは自然に問題が解決していくことでしょう。幼児期の発達は環境に強く影響を受けるので、個人差が大きいのは仕方がありません。何より発達障害がある子どもを発見するのは、「発達障害」というレッテルを貼るためでなく、一人ひとりの特性に応じた支援をおこなうためですから、少しぐらい多くても問題はないと思っています。

　すなわち、30〜40人の幼児がいて4〜5人程度の子どもの言動等に違和感をもつようだったら、アンテナの感度に関して自信をもってください。そして、違和感をもった子どもに対して、「発達障害のような脳機能のあり様によって、さまざまな困難さを抱えているのかもしれない」と理解してください。

　ただし、自信をもって、「発達障害がある」と断定し、周りに押し付けるのは絶対にやめてください。診断は医者にしかできません。専門の医師ですら、学習障害（LD）やADHDの場合は7歳ぐらいにならないと診断できないのです（自閉症、または自閉症スペクトラム障害に関しては3歳くらいで診断されます）。

6. 診断名は必要ですか？

　皆さんが診断名を知りたい、と思われるのは、障害が明らかになることで指導がうまくいかなかった理由がわかる、または診断名がわかるとそれに応じた支援の仕方がわかる、という2つの期待が大きいからではないでしょうか。

　でも障害があることを認めることになるので、保護者はとても困っている場合を除いては、医療機関を受診することは稀です。強くすすめれば保護者との間に大きな溝ができてしまいます。それに幼児期においては、発達の遅れや歪みは顕著に現れないので、受診しても確実に診断名がつく保証はありません。

　だからこそ、専門家の協力を求める人が多いのでしょう。

　その気持ちは十分にわかりますが、私は保育士の皆さんに発達障害児を「発見」してほしいと思っています。専門家の協力がなくても発見できるようになれば、より多くの子どもたちが、より早くから支援を受けられるようになるからです。

　専門家の協力を得たいと思う理由は、それによって指導がうまくいかない理由と対処法を知ることができると思われるからかもしれません。この2点が解決できるのであれば、「診断」でも「発見」でもどちらでもいいはずです。ちなみ

に、私は医者ではなく教育関係者です。ですから、発見はできますが、診断はできません。診断はできませんが、医者以上に発達障害児を正確に発見し、健やかに育む手助けができるという自信はあります。

　医療機関は、病気を治すところです。悪いところを治すことが医療機関の仕事です。病気を治すためには、病気の正体を正しく診断することが何より必要になります。

　それに対し、教育機関は、子どもを育てるところです。子どもを育てるためには、良いところも悪いところも含めて、子どものあるがままの姿を見きわめる「目」が必要になります。教育現場には、悪いところに手をつけず、良いところだけを伸ばす、という教育手法もあります。

　このように考えれば、教育機関である保育園や幼稚園においては、「診断」ができなくても「発見」ができればよいのではないでしょうか。

7. 保育士さんに必要なもの

　ところで「発見する」とは、どのようなことなのでしょう？ 診断とどのように違うのでしょう？

　たとえば、「元気がない」という状態で考えてみましょう。

　子どもがそのような状態になったとき、皆さんは、子ども

の表情などから「元気がない」ということに気づかれるでしょう。そして、動きが鈍かったり痛みを訴えたりすれば、体調を崩したのではないかと思い、熱を測ったあと、ゆっくり休ませたり保護者に連絡をとったりされるはずです。熱もなく痛いところもなければ何か心配事があるのでは？ と思い、友だちとトラブルがなかったか、または、家庭で問題がなかったか話を聞かれるでしょう。

　この「元気がないということに気づき、身体が原因なのか、心が原因なのかを見きわめること」が「発見する」ことだと私は思っています。

　皆さんは子どもの身体が熱っぽいとき、風邪と診断しているわけではありません。もしかしたら風邪ではなく別の病気かもしれませんが、ひとまずは診断名より「体調を崩して元気がない」ということが重要なはずです。体調を崩したようだから安静にさせよう。安静にさせていても回復しなければ医療機関を受診し原因を明らかにしてもらおう。そのように考え、行動されるはずですし、それで十分なはずです。

　また、何か心配事があるのではないかと思っても、最初から「あの子は悩みを抱えている」と断定することはないでしょう。重要なのは、「身体に異常はないようだが、元気がない」ということだと思います。そして、いろいろなことを考えながら子どもに聞き取りをおこなうはずです。聞き取った

内容をもとに元気をなくした心の原因を探そうとされるはずです。

　私は4〜5人程度の子どもたちの特性を2時間程度の観察等で把握しますが、それは「診断」ではなく「発見」までだから、可能なのです。元気がないことに置き換えれば、まず、元気がない子どもを見つけます。そして、元気をなくしているのは、身体が原因なのか、心が原因なのかを見きわめ、それを担任の先生に告げます。身体が原因であるとしても、決して、風邪だとかインフルエンザだとか診断しているわけではありません。

　そして、身体が原因なら熱を測ったり安静にさせたりすることを助言します。ときに、早急に医療機関を受診するよう助言することはありますが、私が注射を打ったり薬を処方したりすることはありません。一方で、心が原因なら子どもの話をじっくり聞くように助言します。その際も、私は心療内科医のように治療するわけではありませんし、保育士さんにも治療レベルまでの対応を求めているわけではありません。

　「元気がない」ことに関し、皆さんは、身につけた知識と経験で、元気がない子どもに気づき、原因（身体か心か）を見きわめ、それに応じた対応をされています。私も同じように「発達障害」に関し、身につけた知識と経験で、発達障害児に気づき、原因を見きわめ、原因に応じた対応をします。

このような、私がおこなう発達障害児への支援は、それほど難しいことではなく、少しの知識をもてば誰にでもできることなのです。

　担任の先生は、たいてい発達障害がある子どもに気づいています。私もたまに園長先生が言われた以上に気づくことがありますが、その子どものことも担任の先生は気づいています。

　「発達障害児を発見する」というと大げさに聞こえますが、「発見する」ということは、「元気がないことに気づき、身体が原因か、心が原因かを見きわめる」ことです。子どもの言動や日々の生活の様子に違和感をもち、その違和感の正体が何となく理解できるということです。

　あなたのアンテナが錆びていなければ、あなたはすでに発達障害がある子どもの存在に気がついているはずです。あなたが違和感をもった子どもたちが、支援を必要している子どもたちなのです。

　もし皆さんに足りないものがあるとすれば、元気がない場合に身体が原因か心が原因か見きわめるような、原因の違いを見きわめる目だけです。

　そのような思いで、原因の見きわめ方と原因に応じた基本的な対応について、このあと、できるだけわかりやすく説明していきたいと思います。

第2章

身近な障害

1. 特殊な障害ではない、ということ

　前章で、あなたのアンテナが錆びていなければ、あなたはいますでに発達障害児の存在に気づいているはずで、あなたが違和感をもった子どもたちが支援を必要としている子どもなのです、と述べました。

　この章では、「えっ、そうなの？　そんなのでいいの？」と感じた方を念頭に話をします。原因の見きわめ方や基本的な対応の方法を説明する前に、お伝えしたいと思う話です。

　「えっ、そうなの？」と感じた方の多くは、発達障害を何か特殊な障害だと理解されています。問題になる言動等の観察・聞き取りだけでなく、チェックリストなどを使った検査をしなければ発見することができない特殊な障害だと思ってらっしゃいます。

　保育園や幼稚園に支援に行くと、そのように理解されている保育士さんが多いように感じます。私の観察は、発達検査

を実施するわけでもなく、チェックリストを使うわけでもありません。ときどき子どもと話したり遊んだりする程度で、2時間ほど子どもと一緒に過ごすだけです。それに対し、不安そうな表情をされる保育士さんは少なくありません。そのような観察だけで、発達障害かどうかわかるの？　という声が聞こえてきそうです。

　でも、それは仕方がないことです。これまで発達障害については、問題となる言動等がクローズアップされ、ごく一部の子どもにしかない特殊な障害であるかのように語られてきました。専門家は、健常な子どもと障害のある子どもとに区分したうえで、障害のある子どもがいかに健常な子どもとは異なる特殊な脳機能をもっているか、そして、その脳機能の特性を理解して特殊な対応をすべきであることを語ってきました。

　発達障害というものが世の中で理解されず、そのために必要な支援を受けることができなかった時代には、そうすることが必要だったのでしょう。でも、この「障害のある子ども」という枠組みのなかで発達障害を語ってきたこと、あるいは、発達障害がある子どもが特殊な脳機能をもっているかのように語ってきたことが、何か特殊な障害であるという印象を人びとに植えつけることにつながってしまったのではないかと考えています。

2. 専門家の責任

　スクール・カウンセラーをしていたとき、学校の依頼を受けて、保護者の方と話をしてきました。保護者に子どもの特性を理解してもらい、発達障害があるという共通理解のもとで、保護者が学校と協力して支援をおこなうようにするのがそのときの務めです。当初は私も、発達障害の診断名を匂わせながら話をしていましたが、すぐに診断名も障害という言葉もまったく使うことなく、話をするようになりました。

　欧米人と日本人の脳の違い、男性と女性の脳の違いなどを話題にしながら、脳機能のあり様という面から、子どもがどうして困ってしまうのか、または、どんなことに困っているのか、先生や保護者の目にはどのように映るのか、などを説明しました。診断名や障害という言葉を使わなくても、一人ひとり違っていて当たり前の「脳機能のあり様」の結果として、子どもたちの言動を的確に表現できました。そして、的確であればあるほど、保護者の方は納得し、学校と協力していこうという気持ちになってくれました。

　私もかつて、聞きかじった、あるいは覚えたばかりの発達障害の診断名とそれぞれの特徴的な言動、そして、それぞれの障害名に応じた対処法を語ることで専門性が高いことを表

みんな違っていて当たり前

現していました。相手を納得させるための表現であったとはいえ、とても反省しています。いま発達障害がある子どもたちとかかわればかかわるほど、反省の念を深くしています。

　反省すると共に、発達障害が何か特殊な障害であり、彼らが物事を独特に認知し特異な言動をとり、他の子どもたちとはまったく違う存在であることを印象づけるような話しかできない専門家の責任は重いと考えるようになりました。

　いまの私は、発達障害を障害という概念でとらえること自体にも疑問を抱いています。子どもたちは一人ひとり違っていて、その違いのなかで、発達障害というものは理解できるのではないかと考えています。障害ではないから、すべての子どもたち一人ひとりの違いというものを論理的に説明できるようになれば、発達障害というものを理解し、人にも説明できるようになると考えています。

第2章 身近な障害 31

　そして、通常学級に在籍する発達障害児とかかわればかかわるほど、その子どもたちの問題とされる言動等の原因は、誰にでもある「人としての違いとして説明できる」と確信するようになりました。

3.　発達障害をどのように表現するか

　私が尊敬するある先生は発達障害の専門家ですが、その先生は講演等で「皆さんの概念で正常と言える人は1/4しかいない。3/4の人たちは何かしらおかしいところがある」と話されます。まったく同感です。

　3/4の人たちのなかで、おかしいところがトラブルのもとになったり、学習上や生活上の困難さにつながったりする場合、それが「発達障害」と表現されるのだと思います。

　そのような思いで、私は発達障害をどのように表現すればいいのか、考えてきました。私流の表現方法ですが、具体的な説明例をいくつか示してみます。

（1）たとえば、**自閉症スペクトラム障害**

　自閉症には、社会性の障害（対人的相互反応における質的な障害）、コミュニケーション障害（意思伝達の質的な障害）、イマジネーションの障害（特定の対象物や行動パター

ンにこだわる）があると言われています。自閉症の「障害の三つ組み」と言われるもので、自閉症の診断に欠かせない要素で、この３つがあることで自閉症のさまざまな行動障害が現れると言われています。

　現在は、この３つがそろっていない場合や３つに強弱がある場合などを含めて、自閉症スペクトラム障害と表現されるようになりました。

　さて、あなたの周りを見回してください。融通が利かず、口下手で、周りとよくトラブルを起こしているような人はいませんか。「イマジネーションの障害があり、結果を想像できないので変更を嫌がり、融通が利かない」「コミュニケーション障害があるから話が上手にできず、あまりしゃべらない」「社会性の障害があり、どのように人と対応してよいかわからず周りとトラブルを起こす」と考えたら、自閉症スペクトラム障害と診断することも可能なのです。

　しかし、そのような人はいくらでもいますよね。それにそのような人のなかには、頭が良く、計算が速くできたり記憶力が良かったりする人も多いです。そのため、日常的に周りを困らせてばかりいる人でも、変わった人、あるいは、扱いにくい人というような認識で社会に受け入れられているはずです。

（2）たとえば、心の風邪をひきやすい人

　また、自閉症スペクトラム障害の対極にあるような人もいます。想像力が豊かで周りの空気を読み、話し上手・聞き上手で言葉を巧みに使い、周りの人たちに細かいところまで気を遣って生きているような人です。

　頭が良い、と感じることが多く、それは自閉症スペクトラム障害の人と同様ですが、彼らとは質的な違いを感じます。それほど問題がないと思われる人でも、度が過ぎれば問題が生じます。些細なこと（本人にとっては重要なこと）が気になって心が疲れてしまい、その結果、心の風邪をひいてしまいます。学童期の場合は「心身症」と診断されます。

　このような、程度の差はあれ、些細なことを気に病み、「あなたは心配性ね」と言われるような人なら、あなたの周りにもたくさんいるはずです。

　ただし、些細なことを気に病むような子どもたちについて、保育・教育の現場で発達障害児と表現されることはありません。文部科学省がまとめている発達障害の定義にも、このような子どもたちは該当しません。ですが、些細なことを気に病むような脳機能のあり様がさまざまなトラブルを引き起こしているのも事実です。発達障害の一つのタイプとして理解し、特別な支援をおこなった方がよいと思います。

（3） たとえば、学習障害（LD）や ADHD

　自閉症スペクトラム障害ではなく、心の風邪をひきやすい
わけでもなく、（言葉は悪いですが）単に頭があまり良くな
いな、と感じる人のことを話しましょう。

　このような人はあなたの周りにいませんか？　あなたの知
的能力が標準だとすれば、約半数の人があなたより頭が悪い
ことになります。半数の人全員に対して「頭が良くないな」
と感じるわけではないと思いますが、正直に言うと「頭が良
くないな」と感じる人はいるはずです。

　そして、このような脳機能のあり様は、場合によっては、
注意が足らないためにミスばかりする、落ち着きがない、す
ぐ切れて攻撃的になる、などの人物評価につながることがあ
ります。本来の ADHD はそのようなものではないのです
が、ADHD と診断されることもあるのです。

　また、彼らは他の人と比べて何かを理解するまでに時間が
かかるので、わかるように勉強を教えなければ、あるいは、
やる気を起こすように支援しなければ、勉強嫌いになってい
きます。本来の学習障害（LD）はそのようなものではない
のですが、算数に関する LD などと診断されることもあるの
です。

4. 3/4 の人が「正常」ではないということ

　100 人の同年齢集団を思い浮かべてみてください。そのなかで、あなたがきわめて標準的な人だとしましょう。

　あなたの左側には、自閉症スペクトラム障害のようなタイプの人たちがいるとします。そのとき、右側には心の風邪をひきやすいタイプの人たちがいるはずです。あなたの前には、あなたより頭が良いと思える人たちがいます。そうすると、あなたの後ろには、あなたより頭が悪いと思える人たちがいます。

　つまり、あなたの前には 25 人ぐらいの人がいます。そして右にも左にも後ろにも、それぞれ 25 人ぐらいの人がいるはずです。あなたのすぐそばにいる 4 人はまったく同じということはありませんが、あなたとほとんど変わりがありません。変わらないというより、違いを見つけるのに苦労するくらい似ています。しかし、あなたからの距離が遠くなればなるほど、それぞれのタイプの特徴が顕著になるはずです。そして、どこからかはわかりませんが、ある一定の距離から先にいる人たち、あなたよりずっと遠い左側と右側、また、ずっと後ろにいる人たちは明らかにさまざまな困難さを抱えて生活しているはずです。

このように考えるようになってから、「正常と言える人は1/4 しかいない。3/4 の人たちは何かしらおかしいところがある」ということが、胸にストンと落ちるようになったのです。ごく標準的な人の近くにいる人は一見すると正常ですが、遠くなればなるほど何らかの困難さがあると表現することもできると思います。

そして、3/4 は異常であると考えることで、正常と異常という区分け、あるいは、障害のある者とない者という区分けの無意味さに気づかされました。同時に、発達障害を特殊な障害としてではなく、誰にでもある「人としての違い」として説明できることにも気づき、かつ、誰にでもある「人としての違い」として説明しなければいけないと思うようになりました。

いまの私にとって発達障害とは特殊な障害ではありません。それどころか、障害という概念でとらえるものではないと思っています。誰にでもある「人としての違い」として、学習障害（LD）やADHD、自閉症スペクトラム障害、あるいは、心の風邪というものが理解できるように思えるのです。

少し視点を変えた話をしますと、私は地方の国立大学の教育学部を出ています。一般的に言えば脳機能に異常はないということになります。しかし、万が一、東京大学の研究室に入ったら、それも理系の学問領域の研究に携わることになっ

たら、私は周りの人たちから学習障害（LD）という烙印を
押されることでしょう。いくら努力しても学習の効果は思う
ようにあがらないでしょうから。もしかしたら不注意による
ミスを連発する奴ということで、ADHDと言われるかもし
れません。このように、私の脳機能も環境によっては異常と
思われるものなのです。

　正常とは何でしょうか？　障害とは何でしょう？　何人もの
発達障害児とかかわるなかで、自問自答を繰り返しながら考
えてきました。そうして到達した結論は、発達障害に関して
は、「異常」や「障害」という概念でとらえたくはない、あ
るいは、語りたくはないということでした。

　いよいよ次章で、発達障害がある子どもをどのように理解
するか、ということについて述べたいと思います。

　私の話はこれまでの専門書にない内容になります。「障害」
という概念でとらえたくないという思いでまとめる内容です
から、当然そうなってしまいます。でも、これまで支援の現
場で、担任の先生や保護者に話し、納得していただいた内容
ですので、自信をもって話してみようと思います。

第３章

違和感の正体

1. ３つのタイプ

　皆さんは、おそらく日々の仕事のなかで、発達障害児の存在に気づいています。ただ、違和感を論理的に説明できないので自信をもてずにいます。私からみると、発見まであと一歩という感じです。そして、自信がもてないために、特別な支援をおこなうことを躊躇されています。

　この章では、皆さんが感じる違和感の正体をわかりやすく話し、皆さんが自信をもって発見できるようになること、また、皆さんがそれを自分の言葉で周りの人たちに語り伝えることができるようになること、を目指します。

　違和感（気づき）は、前章で話した「3/4が異常」という話とリンクさせ、次の３つのタイプに大別できます。

　① 自閉症スペクトラム障害タイプ

　② 心の風邪をひきやすいタイプ

　③ 学習障害（LD）とADHDタイプ

つまり、それぞれのタイプのなかで、それぞれの特徴が顕著に現れ、保育士の皆さんの理解を超えるような言動をとる子どもたちに対して違和感をもつのです。

2. 脳機能のあり様の違い

発達障害を理解するためには、脳機能のあり様についての理解が不可欠です。しかし、脳機能についてはまだ解明されていないことが多く、また、蓄積されている脳科学の知識は膨大です。知っておくと役に立つことも多いですが、あまり役に立たない知識もあります。

その膨大な知識のなかで、私が特に重要だと考えるのは次のことです。

・脳は、ある判断をするとき、脳内にある関連情報を結びつける処理をおこなって結論を出す。
・そして、関連情報を結びつける処理の仕方は、一人ひとり違う。

入ってきた刺激にすぐに反応するのは「反射」と言われます。反射は、広い意味で脳機能の一つですが、ここで私が使う脳機能という言葉は、判断したり考えたりするときのもの

です。

　梅干を見て唾液が出るのは反射ですが、その梅干を「食べる（または、食べない）」と判断するまでには、過去に食べたいくつかのおいしい梅干の記憶（色、形、大きさ、産地等）や酸っぱいだけでおいしくなかったいくつかの梅干の記憶（色、形、大きさ、産地等）を結びつけて判断するでしょう。また、過去の記憶だけではなく、そのときのおなかのすき具合や体調という情報も結びつけて判断するでしょう。

　この、食べるかどうかを考えるときの脳機能のあり様が、「脳は、ある判断をするとき、脳内にある関連情報を結びつける処理をおこなって結論を出す」ということです。

　上記は誰にでもある脳機能として理解してもらえることですが、重要なのは「脳内にある関連情報を結びつける処理の仕方は一人ひとりに違いがある」ということです。改めて表現すると当然のことに思えるでしょうが、一人ひとりに違いがあるということを、その理由も含めて正しく理解している人は少ないものです。

　標準的な人が、ある判断をするとき10個の関連情報を結びつけて結論を出すとしましょう。そのとき、別の人も10個の関連情報を結びつけて結論を出しているのでしょうか？皆さんの答えは、否でしょう。

　そのとおり、答えは否ですが、それは皆さんが考えるよう

に年齢や経験が違えば出す結論も違う、あるいは、頭の良し悪しが違えば出す結論も違うという話ではありません。経験が少なく関連情報が8つしかないから少ない情報を結びつけて結論を出す、経験が多くて関連情報が12もあるから多くの情報を結びつけて結論を出す、または、頭が良いから多くの情報を結びつけて結論を出すということではありません。

　たとえ、三卵性の三つ子が、たまたま同じIQで、かつ、まったく同じ経験をしてきたとしても、一人は8つの関連情報を結びつけた段階で結論を出し、一人は10の関連情報を結びつけた段階で結論を出し、最後の一人は12の関連情報を結びつけるまで結論を出さない、ということがあります。人には皆、そのような脳機能のあり様の違いがあるということです。

　この違いを理解することが、発達障害がある子どもを理解

三つ子でも違う

するうえで、私がとても重要だと考えることです。この違い
を理解でき、人にも説明できるようになれば、発達障害があ
る子どもを発見し、支援する方法もわかるようになります。

3. 「違い」を説明するための方法

　第1章で、私は「少ない情報をもとに素早く処理する脳と
たくさんの情報をもとに慎重に処理する脳」「欧米人的な脳
と日本人的な脳」「男性的思考の脳と女性的思考の脳」「理系
教科が得意な脳と文系教科が得意な脳」という表現を使って
脳機能のあり様を説明すると言いました。どれを使うかは相
手によるのですが、すべては「違い」を相手にわかりやすく
伝えるためのものです。

　私流のたとえ話ですが、具体的に示してみます。

（1）少ない情報をもとに素早く処理する脳と、たくさん
　　　の情報をもとに慎重に処理する脳

　これは、私が重要だと考えている脳機能のあり様の違いを
ストレートに表現したたとえ話です。

　人には、少ない情報をもとに素早く処理する人と、逆に、
たくさんの情報をもとに慎重に処理する人がいます。2人い
れば、その違いが必ず存在します。少ない情報をもとに素早

く処理するのは、A君とB君ならB君、B君とC君ならC君という感じです。10人のクラスだったらJ君かもしれません。

　素早く処理すること、慎重に処理すること、それぞれによさがありますが、どちらの場合も、その集団で許容される範囲を超えれば、当然トラブルが生じやすくなります。そのような話をして、子どもが困っている理由を説明します。

　上記は話の初めに出すと、きょとんとされることが多いので、以下の３つのたとえ話のあと、まとめの表現に使うことが多いです。

（2）「欧米人的な脳」と「日本人的な脳」

　日本人の脳と欧米人の脳は違っていると言われています。

　日本人の脳は、欧米人の脳に比べてセロトニン・トランスポーターというたんぱく質が２割ほど多いことが判明しているそうです。セロトニン・トランスポーターは脳内情報伝達物質であるセロトニンを運ぶたんぱく質です。そのことから、欧米人は一つのことを判断するのに日本人ほどはたくさんのことを考えない、と解釈できるかもしれません。

　この話から、論理的で物事をドライに割り切るというような欧米人の特徴、論理のほかに人の気持ちなども考えるのでなかなか結論を出せないという日本人の特徴を説明すること

が可能かもしれません。また、この脳の違いが、欧米人はおおらかで日本人は心配性という国民性の違いを生じさせているとも解釈できます。しかし、だからといってどちらの脳が優れているかという話ではありません。

　もちろん、日本人のなかにも、論理的で物事をドライに割り切るという「欧米人的な脳」の特徴をもつ人もたくさんいます。「欧米人的な脳」のような特徴がものすごくある人もいれば、少しだけある人もいます。もちろん「日本人的な脳」の特徴をもつ人にも、その特徴が特に強い人もいれば、少しだけの場合もあります。

　このような話をしながら、子どもの脳機能のあり様が、誰にでもある「人としての違い」として理解できることを伝えていきます。

　この「欧米人的な脳」と「日本人的な脳」は、私が最も多用するたとえ話ですが、特に、中学生以上の発達障害がある本人に話すときには重宝します。

　「ヒーロー映画をよく見るそうだけど、アメリカ映画ってヒーローが悪者をやっつけるみたいにストーリーがシンプルなものが多いだろう？　それに比べて日本映画はヒーローがたまに悪者になって悩んだりして、複雑なものが多いよね。この違いは、映画監督や観客の脳が違うからなんだ。君の脳が欧米人みたいに考える脳だとすると、君が考えていること

はシンプルで論理的に正しいと思う。周りのみんなが複雑に考えすぎて筋が通らない話をしていると思う。でも、君の意見が通らないのは、道理や理屈より人の気持ちを考えてしまう日本人ばかりが周りにいるからなんだよ。周りがすべて日本人的な脳だとすると、みんなが君に合わせるばかりでなく、君もみんなに合わせていくことが必要になるよね。ときには、筋が通らない話もあるけれども、みんなはそれが正しいと思っているんだ。ヒーロー映画で言えば、アメリカ映画はおもしろいけれども、周りのみんなは日本映画の方がおもしろいと思っているかもしれないよ。そう考えることも必要になるよね」。

　そのようなことを話すことで、自分と周りの人では、考えることに違いがあることを説明します。

（3）「男性的思考の脳」と「女性的思考の脳」

　男性の脳と女性の脳は違っていると言われています。

　男女の脳を比較すると、右脳と左脳をつなぐ脳梁という部分に違いが見られるそうです。女性の脳梁は、男性に比べて大きいという説があります。そこから女性は男性以上にたくさんのことを考えて物事の判断をするので、右脳と左脳の間で頻繁に情報が行き来し、脳梁が大きくなったのではないかという解釈をする人もいます。

その違いゆえに、男性はいろいろ考えずに行動する、女性はいろいろ考えてなかなか行動しない、というような特徴が現れる、と言えるかもしれません。だからといって、どちらの脳が優れているかという話ではなく、男女それぞれの特性が脳の違いによって説明できる可能性があるという話です。

　もちろん、これはあくまでたとえ話で、女性のなかに「男性的思考の脳」のような考え方をする人はたくさんいます。そして、一言で「男性的思考の脳」の思考といっても、そこにはその傾向の強弱を含め、さまざまな違いがあります。

　女性は男性に「何でもっと考えて行動しないの？」と怒りたくなることがありませんか？ 逆に、男性は女性に「いつまでもぐずぐず考えていないでいい加減決めろ」と心のなかで思うことはありませんか？ そのような傾向が、男性的思考の脳と女性的思考の脳の違いであると解釈できるかもしれません。

　そのような違いがあることを理解すれば、わからない、と思う相手のことを、もっとわかるようになるはずです。

　そして、このことはお子さんに対しても言えることなのです。大人と子ども、という違いだけではなく、男性と女性の脳のあり様が違うように、人は一人ひとり脳のあり様が違っています。どうしてこの子は自分と同じように考えてくれないんだと怒るのではなく、自分とは違うように考えるのが当

たり前なのだ、そして、このような違いがあるなら、こうすれば理解してくれるかもしれない、と知恵を絞ることが必要なのです。

このような話をしながら、子どもの脳機能のあり様が、誰にでもある「人としての違いとして理解できる」こと、違いがあることを踏まえて子育てを工夫することが大切であること、を伝えるようにしています。

（4）「理系教科が得意な脳」と「文系教科が得意な脳」

自閉症スペクトラム障害が疑われ、強い困り感をもった保護者に対して多用するたとえ話です。

自閉症スペクトラム障害が疑われる場合、子どもはこちらが理解できない言動をとることが多いです。保護者にとっても理解の限界を超えているため、発達障害を何か特殊な障害だと思ってしまいます。そのようなとき、このたとえ話を使います。

高校生の頃を思い出してください。進学校であったら、理系クラスというものがありませんでしたか？ そこに、数学や物理が得意で、記憶力が抜群の友だちがいませんでしたか？

そのなかに、無愛想ではあっても不機嫌なわけではなく、群れに加わらず飄々とした感じの子がいませんでしたか？

先生たちも一目置いていましたが、ときどき理解できないようなことをする友だちです。私の友だちにもそんな人がいて、みんなは変わった奴だと言っていましたが、成績が良く、難関校にストレートで合格し医者になりました。

　子どものなかには、計算は得意だけれども文章問題は苦手、という子どもがいます。その特徴は、数学は得意だけれども国語は苦手だった高校時代のそのような友だちに似ていませんか？

　そのような話をしながら、脳機能のあり様はさまざまであること、さまざまに違っていても、良いとか悪いとかいう一律の基準でははかれないことを伝えていきます。また、この話をするときは、医者や裁判官、高名な科学者のなかに理系教科が得意な脳をもった人が多いことを話題にし、子どもの将来に明るい光が見えるように気をつけます。

　私は上記のようなたとえ話によって、脳はある判断をするとき、脳内にある関連情報を結びつける処理をおこなって結論を出すこと、そして、関連情報を結びつける処理の仕方は一人ひとり違うことを説明していきます。

（5）発達が緩やかな子どもたち、に関する説明

　ここまでいろいろなたとえ話を使って、3つのタイプのう

ち、①自閉症スペクトラム障害、②心の風邪をひきやすいタイプを説明してきました。

それでは、③学習障害（LD）と ADHD タイプ、と表現したタイプについては、どのようなたとえ話ができるでしょうか？

実は、このタイプに対しては、たとえ話を使いません。なぜなら、このタイプのことはたとえ話をしなくても、皆さんが「違い」を十分に理解できるからです。理解できる、というよりも、すでにご存知なのです。

一般的なレベルで関連情報を結びつける処理をしている場合、頭の良さ・悪さに応じて情報量や処理速度に違いがあることは容易に理解してもらうことができます。説明しなくても、人には頭の良さに違いがあるということは、十分に理解されています。ですから、「少し幼いなあ」と思ってもらえば、その子どもに対して抱いた違和感を理解してもらえます。

つまり、幼児の場合、「発達が緩やか」という表現でこと足りるのです。発達が緩やかで少し幼さがあるようですね、だから○○をこんなふうに考えてしまうのでしょう、というように、その子どもの問題になる言動がうまく説明できます。

そのとき気をつけなくてはいけないのは、幼児は発達途中であり、緩やかさが固定的なものではないこと、また、環境の影響が大きいこと、さらに、早期支援の結果、他の子ど

たちとの差が縮まる可能性があることなどを併せて伝えなくてはいけない、ということです。

4. 違和感を理解するために

皆さんが抱く違和感は、整理すると、次の３つのタイプとして理解できます。そうすれば保護者や他の先生に対しても論理的に説明することが可能になります。

① 少ない情報で素早く結論を出すという脳機能のあり様がさまざまなトラブルのもとになっているタイプ（自閉症スペクトラム障害タイプ）。

② たくさんの情報で慎重に結論を出すという脳機能のあり様がさまざまなトラブルのもとになっているタイプ（心の風邪をひきやすいタイプ）。

③ 脳の発達が緩やかで、少し幼いという脳機能のあり様がさまざまなトラブルのもとになっているタイプ（学習障害（LD）と ADHD タイプ）。

違和感はある一定のレベルを超えたことで生じるものです。違和感をもつことはなくても、それぞれのタイプのいずれかとして、3/4 の子どもたちは理解できると言えます（なお、残りの 1/4 は必要な情報数でバランスのとれた思考をするタイプであると考えられます）。

発達障害の３つのタイプ

　あなたが違和感をもった子どものことは、どうか、障害や異常という概念ではなく、誰にでもある「人としての違い」として理解し、他の人にも説明してください。

5. 違和感を表現するとき

　これから、「発見」に活かせるもう一つの視点を明らかにします。それは、担任の先生の気づき（違和感）の表現です。
　担任の先生方は、私に対して子どものことをいろいろ説明されますが、そのなかにある決まった表現があります。
　それは、困った言動を説明される際に使われる、「頭は良いのに……」「頭は悪くないのに……」という言葉です。これを使いながら説明される場合と、この言葉を使わずに説明

される場合があります。

　先生方は何気なく使っているのですが、この言葉はとても参考になります。

（1）頭は良いのに……と言われるタイプ

「頭は良いのに、言い聞かせても言動が改善しない」「頭は良いのに、友だちとトラブルを起こす」「頭は良いのに、話を聞かず衝動的に行動する」「頭は良いのに、聞き分けが悪いときがある」などと担任の方は表現されます。

　このような場合は、以下のどちらかのタイプです。

①　少ない情報で素早く結論を出すという脳機能のあり様がさまざまなトラブルのもとになっているタイプ。

②　たくさんの情報で慎重に結論を出すという脳機能のあり様がさまざまなトラブルのもとになっているタイプ。

　そして、列車や昆虫など好きなものに関する知識の多さで頭の良さを感じる、理屈っぽい、いろいろな友だちとトラブルを起こす、儀式化された生活習慣（こだわり）があるというような特徴があれば、①の少ない情報で素早く結論を出すタイプと言えます。

　人の気持ちを理解した言動に頭の良さを感じる、大人じみた表現でしゃべる、教室の空気を読む、仕切りたがる、引っ込み思案、想像力豊かでおもしろいつくり話をするというよ

うな特徴があれば、②のたくさんの情報で慎重に結論を出す
タイプです。

（2）頭は良いのに……と言われないタイプ

「頭は良いのに……」という言葉を使わず困った言動を説
明される場合は、③の脳の発達が緩やかで少し幼いタイプで
す。

「言い聞かせても何度も同じミスをする」「忘れ物が多い」
「聞き分けが悪い」「友だちを叩いたり蹴ったりする」「話を
聞かず衝動的に行動する」「課題に集中せず違うことを始め
てしまう」などと表現されます。

このような場合、どのような言動を説明されるときにも、
「頭は良いのに（あるいは、頭は悪くないのに）……」とい
う言葉が先生の口から出てくることはありません。

これらの子どもたちは、一般的にグレーゾーンと言われる
こともあります。知的発達に関して顕著に遅れがみられると
いうわけではないけれども、他の子どもたちに比べれば発達
が緩やかで、年齢相当の知的水準に達していない子どもたち
です。

このタイプは、小学校の3〜4年生になれば発達の遅れ具
合がはっきりするのですが、幼児期は発達の個人差が大き
く、正確に判断することは、とても難しいです。本人の脳機

能の問題だけでなく、環境の問題が絡んでいる場合も少なくありません。

　なお、「頭が良くない」という表現は、意図的に避ける方も多くいらっしゃいます。「頭は良いのに……」と思っていても、そのように表現されない先生方も数多くいらっしゃいます。ですから、私は雑談のような話をしながら、担任の先生方の思いをくみ取ろうとしています。
　次の章で明らかにしますが、この「頭が良いかどうか」は発見のキーワードの一つとも言える言葉だからです。

第4章

発見の仕方

　この章では、担任の保育士さんが違和感をもった子ども
を、私がどのような視点から発達障害がある子どもであると
検証しているのか、より具体的に明らかにします。

1.「少ない情報で素早く結論を出すタイプ」に対して

　このタイプの子どもであるかどうかは、次の点に着目して
検証をおこないます。

（1）着目する点
① 担任の先生の気づきに、「頭が良いのに……」という表
　現が使われる。
② 主訴に、衝動的な行動か友だち関係のトラブルがあげ
　られている。
③ 男の子である。
まず、この3点に着目します。私にとってこの3点は、話

を聞くだけでわかることなので、時間がかかりません。一方で、保育士の皆さんにとっては日々の保育のなかで見つけることなので、少し時間がかかるでしょう。でも、この３点が満たされていれば８割がたこのタイプです。

　①は、前章で明らかにしているとおりの理由です。ただし、この言葉が使われない場合もあります。その際は、決まった手順でおこなう身辺処理が確実にできること、課題の理解力があること、発問に対する反応がいいこと、などを確認します。つまり簡単に言えば、その子どもに対して、「頭は悪くない」というイメージがあるか、ということです。

　②に関しては、短慮または衝動的と思われる言動は、素早く結論を出す面が反映している場合が多いという理由によります。保育士さんたちはいろいろな言動を寛容に受け止めますが、それでも、このタイプの子どもには、「もう少し考えてから行動（発言）すればいいのに」と思うことが多いものです。また、同年齢の子どもたちは寛容ではありません。当然、短慮または衝動的と思われる言動は友だちには受け入れられず、いろいろな友だちとの間で、さまざまなトラブルが起こってしまいます。

　③は少ない情報で素早く結論を出す脳機能のあり様が「男性的思考の脳」のあり様でもあるからです。やはり、このタイプは男の子の方が多くなります。もちろん、女の子でもこ

のタイプである場合はありますが、男の子であることは一つの重要な判断材料になります。

そして、上記の3点からこのタイプである可能性が高いと判断したら、間違いないかを次の点に着目して確かめます。次にあげる項目にも該当するようなら、このタイプであると私は判断します。

（2）確信を深めるために

A. 言葉の使い方を確認する

言葉の使い方を確認する、ということですが、これは周りの子どもとのやり取りなども参考にします。ポイントは、妙に丁寧な言葉遣いや、難しい言い回しをしているかどうかです。言葉を使うときには、前後の脈絡を考えたり、言外に気持ちを込めたりしますから、少ない情報で素早く結論を出す脳機能のあり様では、想像力が足りなくて、言葉を駆使することが困難になります。

ただし、語彙が豊富な場合もありますから、あくまで言葉の使い方に着目します。しゃべるかしゃべらないかではなく、しゃべり方やしゃべる内容に不自然さがあるか、ということに注目します。

皆さんは普段から数多くの会話をされています。「会話が

成立しにくい」という特徴が顕著であればわかりやすいのですが、それは稀でしょう。このタイプの問題をもつ子どものなかにも、妙に丁寧な言葉遣いや難しい言い回しなどをしない子どももいます。

その場合、あるときは聞き分けがいいのに、あるときは聞き分けが悪い、または、一方的にしゃべってこちらの話をよく聞かない、ということがあれば、言葉によるコミュニケーションがうまく成立しないときがある、ということでこのタイプに該当します。

B. 身体の動きに着目する

身体の動きに着目する、ということは、運動の場面があればとても参考になります。ポイントは、俊敏なくせに何となくぎこちなさがあるかどうか、です。

なめらかな運動は、脳（運動野）のなかでさまざまな情報がスムーズに行き来することで可能になります。言葉を換えれば、多くの情報で慎重に結論を出すような脳機能が必要になります。運動神経抜群と表現されるためには、多くの情報で慎重に結論を出し、かつ、素早く結論を出すような脳機能が必要です。

一般的に、男の子は多動で衝動的です。ですから、男性的思考の脳に近いこのタイプの子どもは、男女にかかわらずよ

く動きます。結果、動きは俊敏になります。ただし、なめらかさに欠けるという特徴があり、ぎこちなさがみられるのです。ラジオ体操をさせると変な動きが入る、早く走るけど何となく走り方がおかしい、運動はよくできるのにつまずくことが多い、クレヨンや箸の握り方が変、作業をさせるとぶきっちょ等々、何となく動きにぎこちなさを感じることが多ければ、この項目に該当します。

　C.　子どもの作品を見る
　子どもの作品は園内に展示されていることが多いので、困ることはありません。ポイントは写実的であるかどうかです。
　少ない情報で素早く結論を出すような脳機能のあり様は、想像力を豊かにすることには適していません。極端な例で言えば、いろいろな情報を取り入れて組み合わせ、起こりえないシーンまで思い描くことを「妄想」と言いますが、そのような作業が苦手なのです。このタイプの子どもは、行ったことがない場所の絵は描けないなど、目には見えないものを想像して描くことなどが苦手です。
　作品が上手か下手かではなく、上手な場合は子どもが視覚でとらえて作っている作品かどうか、下手な場合は視覚でとらえにくい作品かどうかを見きわめます。
　皆さんの場合は、いろいろな作品作りに立ち会えるので、

その機会を有効に使ってください。実際に見たものは描けるけれども、イメージして描くことは苦手であるとか、見本があればそれを見て作るけれども見本がないと作ることができない（作ろうとしない）、などの様子があれば、このタイプに該当します。

2.「たくさんの情報で慎重に結論を出すタイプ」に対して

このタイプの子どもであるかどうかは、次の点に着目して検証をおこないます。

（1）着目する点

① 担任の先生の気づきに、「頭が良いのに……」という表現がつく。

② 主訴に、仕切りたがりの性格や友だち関係のトラブル、おしゃべりがあげられている。

③ 女の子である。

　まず、上記の3点に着目します。この3点が満たされていれば、8割がたこのタイプです。

　①は、前節と同様です。前節のタイプと同様に、この言葉が使われない場合もあります。その際は、「少ない情報で素

早く結論を出すタイプ」と同様に、身辺処理は確実にできること、課題の理解力はあること、発問に対する答えが正確であること、などを確認します。簡単に言えば、その子どもに対して「頭は悪くないというイメージがある」ことです。

　②は、慎重に結論を出す面が、優柔不断や心配性とか思われる言動に反映されるからです。ただ、短絡的で猪突猛進的に行動してしまいがちな幼児期においては、優柔不断や心配性は慎重であるという美点にもなります。美点に映りますから保護者などから褒められることが多く、自分の思考に自信をもっています。そのため、友だちの思考との間にずれが生じたとき、友だちの短慮な言動（皆さんから見たら普通の言動）を諫めることにつながり、トラブルのもとになってしまうことがあります。また、このタイプの脳機能のあり様は、日本語の理解・駆使に適しているとも言えます。そのため、得意なおしゃべりに頼って物事を解決しようとすることが多くなります。仕切りたがるのも、言葉を巧みに使いこなせるからです。

　③は、多くの情報で慎重に結論を出す脳機能のあり様が女性的思考の脳のあり様でもあるからです。やはり、このタイプは女の子の方が多くなります。もちろん、男の子でもこのタイプである場合はありますが、女の子であるかは一つの重要な判断材料になります。

そして、前述の３点からこのタイプである可能性が高いと判断したら、間違いないかを次の点に着目して確かめます。これらの項目にも該当するようなら、このタイプであると私は判断します。

（２）確信を深めるために

A. 話しかけて、言語能力を確認する

前項の「少ない情報で素早く結論を出すタイプ」と同じですが、気をつけるべき点が異なります。

ポイントは、しゃべり方や話の内容が大人びているかどうか、という点です。多くの情報で慎重に結論を出す脳機能のあり様は、日本語の理解・駆使に適しています。頭の良さに比例して、語彙が豊富になり、微妙な言い回しもできるようになります。

また、言葉を得意にするということは、聴覚優位の認知特性につながります。聞いて覚えるのが得意になりますから、当然、保育士さんたちや保護者の表現方法を上手に真似します。結果、おしゃべりが大人びたものになります。

皆さんは普段から数多くの会話をされています。会話をしていて、「なんて、頭が良いのだろうと感じてしまう」ことが多ければ、この項目に該当しています。

B. 身体の動きを観察する

彼らの特徴は、見ている限り何の違和感をもたない、ということです。身体の動きには、素早さや強さという要素もありますが、幼児期はそれほど気にしなくていいものです。前述のように、違和感をもたないなめらかな運動は、脳（運動野）のなかでさまざまな情報がスムーズに行き来することで可能になります。言葉を換えれば、多くの情報で慎重に結論を出すような脳機能が必要になります。ですから、このタイプの子どもたちは得意にします。

困った言動に違和感をもつことが多くても、運動や手先の作業などでは何の違和感もないということであれば、このタイプに該当します。

C. 子どもの作品を見る

ポイントは、想像力豊かな作品であるかどうか、です。多くの情報で慎重に結論を出すような脳機能のあり様は、次々にいろいろなことを考えてしまう、と言い換えることもでき、想像力や空想力の源になります。

私の場合は、見えないはずのものが描き込まれていたり、まるでおとぎ話の世界のような作品だったり、ということがないかを見きわめます。

皆さんは、いろいろな作品作りに立ち会えるので、その子

どもが想像力豊かに作品作りに取り組んでいたかどうか、わかるでしょう。また、言葉だけの説明で、作品作りに取り組んでいたかどうかもわかると思います。そのような様子があればこのタイプに該当します。

3.「脳の発達が緩やかで少し幼いタイプ」に対して

このタイプの子どもであるかどうかは、次の点に着目して検証をおこないます。

（1）着目する点

① 担任の先生の気づきに、「頭が良いのに……」という表現がつかない。

② 主訴に、不注意、多動、衝動的というニュアンスが含まれる。

まず、この２点に着目します。この２点が満たされていれば８割がたこのタイプです。

①は前章で明らかにしているとおりの理由です。ただし、前述のように、頭が良くないと表現することに躊躇される保育士さんがほとんどですから、この言葉は使われないことが多いです。ですから私の場合は、身辺処理の場面、課題の理解力がわかる場面に特に着目して観察します。それらの場面

で手間取っていることを確認します。そのうえで、担任の先生にいくつかの質問をして検証します。簡単に言えば、「頭があまり良くないというイメージがあるかどうか」を検証したいので、それを探るために言葉を選んで質問します。

　皆さんは子どもたちと日々いろいろな場面で接していますし、そのなかで自分がどのように思うか、ということですから、「頭があまり良くない」というイメージの有無については、簡単にわかると思います。日々の様子から、頭があまり良くないというイメージができているようであれば、このタイプに該当するということです。

　②は、ADHDの３つの大きな特徴として言われていることです。そして、このADHDの特徴が、ときに現場を混乱させてきたと私は思っています。

　先に「少ない情報で素早く結論を出すタイプ」は、男性的思考の脳と表現できると述べました。一般的に、男性は女性からみて、つまらないことに熱中し大事なことを忘れる（不注意）、家にじっとしていられず外に出たがる（多動）、すぐにかっとなる（衝動的）と言われますが、それはまさにADHD的行動です。私は、ADHDとは、男性的思考に偏った脳みたいなものだろうと理解しています。

　ただ、ADHDと診断された子どもたちと数多くかかわっていると、男性的思考に偏っているというわけでもなく、女

性的思考も十分に兼ね備えた子どもたちが数多くいます。その子どもたちの様子を見ていると、いろいろなことに時間と手間がかかることがわかります。逆に、時間と手間をかければいろいろなことができるようになるということです。つまり、少しだけ幼いかもしれないと思って、指導者が時間と手間をかければ何とか周りの子どもたちについていける子どもたちだということです。

　小学１年生のクラスに幼稚園児がいたら、その子どもは注意力不足でいろいろなミスをするでしょう。じっと椅子に座っていることができず、動き回ることでしょう。友だちと言い争いになったら、言葉で勝てないので、手で叩いたり足で蹴ったりするでしょう。小学１年生のクラスにいるから困ったことになっていますが、幼稚園のクラスにいたらまったく問題にならないはずです。

　検証のポイントは、少しだけ幼いかもしれないと思われる子どもに対して、私たちは、「頭は悪くないというイメージをもたない」、言い換えれば「頭は良くないというイメージをもつ」ということです。不注意、多動、衝動的という行動面の特徴だけでは判断できませんが、①と合わせて考えると十分に検証できます。

　そして、この２点からこのタイプである可能性が高いと判

断したら、間違いないかを次の点に着目して確かめます。それらの項目にも該当するようなら、このタイプであると私は判断します。

（2）確信を深めるために

A. 何かを話しかけて、言葉を確認する

前項までと同様、話しかけてその子どもがどのように答えるかだけではなく、周りの子どもとのやり取りなども参考にします。

ポイントは、言っている内容をしっかり確認することです。言葉は2歳頃から急激に発達します。3歳程度まで知的に発達していれば問題なく言葉を操ることができます。日常の会話をする限り、4歳児と5歳児の違いはあまり感じません。ですが、話の内容は微妙に違います。5歳児は5歳児なりの、4歳児は4歳児なりの内容で会話をします。

私にとって一番難しい観察です。しっかり内容を把握しないと、違いが明確にならないので苦労します。ただ、皆さんは日々子どもたちと会話をされています。最初は違和感がなくても、何となく話の内容が幼いなあとか、いまの指示で周りはわかったのにこの子はわからないのだなあ、などと思うことはあるはずです。そうであればこの項目に該当します。

B. 微細運動に着目する

　身体能力は、粗大から微細へと発達していきます。脳が緩やかに発達していると、幼児期には特に微細部分での動きに違和感をもつことになります。私は、走ったり跳んだりという大きな動きではなく、箸でつまむ、または、トイレで後始末する、などの細かい動きに着目し、上手にできているかどうかを確認します。ボタンはめ、歯磨き、細かい色塗りなど、日常生活のなかに微細な動作を必要とする場面はたくさんありますから、皆さんは私以上にしっかり把握できるはずです。そのような場面で違和感をもつことが数多くあれば、この項目に該当します。

C. 子どもの作品を見る

　ポイントは、他の子どもと比較して、何となく幼い感じがあるかどうかです。線が弱々しい、曲がりくねっている、描いた人物の手足がおかしい、などという点に注意して子どもの作品を見ます。

　皆さんは、数多くの幼児の作品を見ていますから、直感的に「幼い」ということがわかるはずです。たぶん、その見立ては私以上に適切だと思います。

　作品を作る過程を含めて、いろいろな作品に幼さを感じるようであれば、このタイプに該当します。

以上が私の検証の仕方です。

皆さんが違和感をもった子どもが、一般的に発達障害児と言われる子どもたちです。そして、前章で明らかにしたように、発達障害児と言われている子どもたちは3つのタイプで考えることができます。どのタイプであるかを検証する仕方は、この章で述べたとおりです。

さあ、自信をもって一般的に発達障害児と言われている子どもたちを発見し、それぞれのタイプに応じた適切な支援をおこなってください。

第5章

支援の仕方

　この最後の章では、支援の仕方・考え方について話します。ただし、いくつかの保育園や幼稚園を訪問するとよくわかりますが、それぞれ保育園・幼稚園によって保育方針が異なります。また、担任の先生方の知識や経験も違います。一律に、このような支援が必要です、と具体的に述べても意味がないと、私は考えています。

　ですから、3つのタイプ別に支援の考え方をまとめ、各保育士さんでアレンジできるような話にしていきたいと思っています。

　まず確認したいのですが、皆さんは教育関係者です。医療関係者なら、「悪いところを治す」というスタンスで子どもと向き合えばよいのですが、教育関係者ならば、悪いところを治すというより、「悪いところもその子どもの個性の一部ととらえて、集団のなかで困らないようにしてあげる」というスタンスが必要になります。

　個性の一部としてとらえる——というと、「多動」を「活発」、「こだわり」を「一つのことに熱中できる」と解釈し、

悪いところを長所ととらえていこうという主張もあります。しかし、私が言っているのは、そのような意味ではありません。

皆さんが違和感をもつということは、その子どもと他の子どもの違いが、誰にでもある「人としての違い（個性）」であっても、彼らの所属する集団の許容範囲を超えているはずです。「悪いところ」ではありませんが、あなたの違和感は、その子どもにとって「困ったところ」になっているはずです。困ったところになっているなら、それを良いところなどと読み換えず、困ったところであることを認めたうえで、困らないようにしてあげることが必要だと思います。

たとえば、多動に関しては、集団活動のなかで勝手に動いてはいけないという価値観をあなたがもち、勝手に動いてはいけないときがあることを子どもにわからせ、集団活動で味わえる達成感などを存分に味わわせてあげることが必要だということです。

多動に関しては、これまで何度も注意をしてきたけれども改善しない、という思いがあるでしょう。なんだか難しいと思われるでしょう。いっそ、個性ということで活発な子どもであると解釈し、勝手に動くことを認める方がその子どものためになると思いたくもなるでしょう。

でも、本当にそうでしょうか？ 多動ということであなた

が違和感をもったとしたら、それは子どもにとっても良い状態ではないはずです。「みんなと一緒にいたら楽しいよ、一緒に取り組んだらすばらしいよ」——あなたはそのように思いながら集団での活動を仕組んでいるはずです。その楽しさを、受け持ったすべての子どもたちに味わってもらいたいと思っているはずです。

　だとしたら、すべての子どもに味わわせてあげましょう。これまで改善しなかったとしても、それはほんの少しの知識が足りなかっただけです。そして、その足りなかった知識のほとんどは前章までに明らかにしました。元気がないという例で言えば、元気がないのは体調を崩したからなのか、それとも悩み事があるからなのか、はわかったはずです。あとは、安静にさせたりじっくり話を聞いてあげたりといった対処法に関する知識だけです。

　あなたがもっている違和感の正体は３つのタイプとして整理できます。３つのタイプは脳機能のあり様で異なります。脳機能のあり様も理解できたはずですから、対処法に関してもそれほど難しいものではなくなっています。

1. 「少ない情報で素早く結論を出すタイプ」の支援

（1）理解の仕方

このタイプの子どもに関してもつ違和感を羅列してみると、次のようなものがあげられます。

○ いろいろな友だちとトラブルが多い。

○ 理屈っぽい、あるいは、しつこい。

○ 新しい場面が苦手。

○ 一つのことに熱中して周りが見えなくなってしまう。

○ 忘れ物が多かったり持ち物をなくしたりする。

○ 注意力が続かない。

○ 片づけられない。

○ 衝動的な言動が多い。

○ 一定の手順にこだわる。

○ 落ち着いて話が聞けない。

○ 勝手に集団を離れる。

これらの多種多様な困った言動等はどうして起こるのでしょうか？ それは、その子どもの脳が少ない情報で素早く結論を出そうとするからです。少ない情報で素早く結論を出そうとする脳は、論理的ですが発想が広がりにくい、あるいは、想像力が足りないという特性があります。そして、その

ように理解すれば、いろいろな問題行動の原因が理解できますし、支援の方向が見えてきます。

A. 特徴① 目に見えないものを理解することが苦手

何かをイメージするとき、情報が多ければ多いほど具体的になりますから、目に見えないものは、たくさんの情報をもとに想像力を働かせて理解する必要があります。つまり、少ない情報で素早く結論を出そうとする脳にとっては、苦手な作業です。その結果、人の気持ちが読めない、簡単なものでも「暗黙のルール」がわからない、活動への見通し（段取りをイメージする）がもてない、ということになります。

人の気持ちやその場の雰囲気というような目に見えないものを理解することは、たとえ頭が良いと思うような子どもでも、このタイプの子どもにとっては苦手なことなのです。目に見えないものを想像して思い浮かべることが苦手であると考えれば、前述の違和感をもつ言動の多くに納得がいくと思います。

B. 特徴② 日本語がうまく使いこなせない

日本語は白黒をはっきりさせない言語であり、前後の脈絡やそのときの場の雰囲気によって内容が変わることもあります。私たちは常に、「たぶん、このようなことを言いたいの

第 5 章　支援の仕方　75

わからないよ……

だろう」と想像しながら、相手の言葉を理解しようとしています。日本語は、想像しながら理解することも必要な言語ですから、少ない情報で素早く結論を出そうとする脳にとっては苦手な処理になります。その結果、字義どおりに受け取ってしまう、言葉に込めた気持ちが理解できない、TPO に応じて使い分けることができない、「きちんと」や「仲良く」など抽象的な言葉の意味を正しく把握できないということになります。

　計算が速くできたり、目で見たものをよく覚えていたりするために、頭が良いと思われることが多い子どもたちですが、日本語を使いこなす力はあまりありません。頭が良いのでわかるはずと思っていると、どうしてわからないの？　とか、わがままね！　と思ってしまうことが増えます。そのようなときは「日本語が苦手なのね、抽象的な表現ではわから

ないのね」と思えば、子どもの言動に納得がいくことが多い
と思います。

（2）支援の仕方

　あなたがこのタイプの支援を考えるとき、重要になるの
は、「目に見えないものを理解することが苦手である」と、
「日本語がうまく使いこなせない」の2点だけです。とりあ
えず、この2点をおさえておくだけで、支援の具体策が次々
に浮かんでくると思います。

A．支援のポイント①　目に見えるように

　目に見えないものを理解することが苦手なら、目に見える
ようにしてあげればいいのです。人の気持ちを理解すること
が難しいのですから、せめて担任の先生は喜怒哀楽がわかり
やすいようメリハリのある表情を心がけてください。良いこ
とは良い、悪いことは悪いと一貫した姿勢と表情で向き合っ
てください。暗黙のルールは明文化してください。「○○は
みんなが守る決まり」と言葉で伝えるだけでも十分です。段
取りは日課表やスケジュール表などを使い、目で見てわかる
ようにしてください。

　ただし、友だちの気持ちやその場の雰囲気など、どうして
も事前に視覚化できないものがあります。そのために失敗し

たとしても、幼児期では仕方がないことです。その場合は、事後の指導として、できるだけ目で見てわかるような工夫をしながら注意や説明をおこないましょう。

　B．支援のポイント②　わかりやすい日本語で

　彼らは日本語が不得手なので、短文で、白黒はっきり、具体的表現で指示を出したり注意をしたりするのが重要です。

　「きちんとしなさい」ではなく、「手は膝、背中はまっすぐ、先生を見る」というように指示を出しましょう。

　そして、何より気をつけなくてはいけないのは、相手がわかるまでと長々と説教をしてはいけないということです。子どもが失敗したとき、わかりにくい言葉だけで訳のわからないことを長々と注意されたら、パニックを起こしたり、反抗的になったりするのは当たり前です。このタイプの問題行動のいくつかは、脳機能の特性を理解していない大人の対応が引き起こしているという面があります。

　彼らは言葉がまったくわからないというわけではありません。日本語独特の抽象的な表現や言外の意を感じ取ること、あるいは、場に応じた使い分けが苦手なだけです。そのことを理解したうえで、言葉による指導・支援をおこなってください。

2. 「たくさんの情報で慎重に結論を出すタイプ」の支援

（1）理解の仕方

このタイプへの違和感はそれほど多種多様ではありません。羅列してみると以下のようなものがあげられます。

○ 特定の友だちとトラブルを起こしている。

○ おしゃべり。

○ 活動に尻込みすることが多い（心配性）。

○ 神経質すぎる。

○ 仕切りたがる。

○ 園に来たがらない。

○ 園のことを保護者が誤解している。

これらの困った言動等はどうして起こるのでしょうか？ それは、その子どもの脳が多くの情報で慎重に結論を出そうとするからです。多くの情報で慎重に結論を出そうとする脳は、多くの情報を処理するため論理的なものと非論理的なものがごちゃごちゃになりやすく、発想が広がりすぎるという特性があります。そして、そのように理解すれば、いろいろな問題行動の原因が理解できますし、支援の方向が見えてきます。

A. 特徴① 目に見えないものを深読みしてしまう

　何かをイメージするとき、情報が多ければ多いほど具体的になりますから、目に見えないものは、たくさんの情報をもとに想像力を働かせて理解する必要があります。ただし、想像力がありすぎると、イメージしたものが現実から乖離してしまいます。つまり、何かをイメージする、ということは、多くの情報で慎重に結論を出そうとする脳にとっては得意な作業ですが、程度の問題が生じるのです。

　想像ではなく妄想に近くなったら、人とかかわることに大きな不安が生じます。悪い結果を想像しすぎて活動に取り組めなくなります。些細なことで心が傷つき、保育園・幼稚園に行けなくなってしまいます。担任の心を読み違えて保護者に伝えてしまうこともあります。

　何かをイメージしたり想像したりするとき、世の中の道理や理屈を理解したうえならば、現実から乖離する危険性は少ないものです。しかし幼児は世の中の道理や理屈が十分にわかっていません。そのため、想像が妄想へと容易に広がるのです。

　前述の違和感をもつ言動の多くは、子どもが目に見えないものを想像する力がありすぎて深読みしてしまった結果と考えれば、納得がいくと思います。

考えすぎちゃう……

B. 特徴② 日本語が巧みである

多くの情報を処理する脳にとって、日本語を駆使することは、得意とする作業です。得意ですから、言葉に頼って課題を解決しようとすることが多くなります。でも度が過ぎればおしゃべりや仕切りたがりという違和感を生じさせます。

また、日本語は白黒をはっきりさせない言語ですから、言った側と聞いた側でそれぞれの解釈が成立します。いじめられた、馬鹿にされた、私の気持ちをわかってくれなかった、などと思われて、「そのようなつもりで言ったのではない」と思うことも少なくありません。

日本語を使いこなす力はありますが、その基礎となる知識や経験がまだまだ不十分な幼児です。「会話をしていて頭の良さを感じ、何でもわかっていると思ったけれど、本当はま

第5章　支援の仕方　81

だよくわかっていなかったのね」と思えば、違和感をもった
子どもの言動に納得がいくことも多いと思います。

（2）支援の仕方

あなたがこのタイプの支援を考えるとき、重要になるの
は、「目に見えないものを深読みしてしまう」と「言葉の力
に惑わされない」の2点だけです。とりあえず、この2点を
おさえておくだけで、支援の具体策が次々に浮かんでくると
思います。

A.　支援のポイント① 深読みさせないように

目に見えないものを深読みしてしまうのなら、ある程度の
時点で解答を示してあげればいいのです。子どもに考えさせ
るとき、いつまでも考えさせていると、あなたが望む答えか
ら遠ざかってしまいます。想像する力があることを称賛しつ
つ、あなたや園の価値観を明確に示し、想像がそこに行きつ
くよう上手に誘導してあげてください。子どもが自分自身で
最後まで考えて答えを見つけるのは、中学生や高校生になっ
たときにできればいいと思います。

頭が良いと、つい一人前として扱いたくなりますが、相手
は幼児です。一人のすばらしい子どもとして「子ども扱い」
をしてあげてください。

また、このタイプにとっての失敗経験は、次の場面で悪い結末を想像させる要因になることがあります。世の中の理屈や道理がわかるまで、または、善悪の正しい基準を身につけるまでは、成功経験を数多く積ませてあげてください。ただし、失敗はつきものですから、事後指導を大切にしましょう。その際は、目に見えないものを容易にイメージできる子どもですから、失敗したことより努力したことを認めていること、次はきっとできると思っていることなど、あなたの温かい気持ちを言葉や態度に込めて指導してください。

　B.　支援のポイント②　丁寧、かつ、具体的な日本語で

　言い聞かせることができますから、話をたくさんしてあげましょう。日本語の駆使は得意ですから、子どもとたくさん話し、子どもの話をじっくり聞いてあげるだけでも、困った言動の多くが改善します。その際、抽象的な表現はイメージするものにずれが生じやすくなりますから、極力減らし、丁寧、かつ、具体的な表現を使うことが望ましいです。

　また、短文で白黒はっきりした表現はわかりやすいのですが、「この先生は優しくない」という思いにつながることもありますから注意してください。

　言葉に関して、とても高い能力を発揮する子どもたちですが、他のことが言葉と同じくらい得意なわけではありませ

ん。保育士さんが違和感をもち、このタイプと判断できたら、言葉の力に惑わされず、さまざまな場面のさまざまな力を見きわめ、その力に応じて課題を用意して、達成感を数多く味わわせてあげる配慮が必要です。

3.「脳の発達が緩やかで少し幼いタイプ」の支援

（1）理解の仕方

このタイプの子どもに関してもつ違和感を羅列してみると、次のようなものがあげられます。

○ いろいろな友だちとトラブルを起こすことが多い。

○ 不注意によるミスが多い。

○ 発想がネガティブである。

○ 課題に集中できない。

○ 学習の邪魔をする。

○ 反抗的態度が目立つ。

○ 粗暴である。

○ 忘れ物が多い。

○ おしゃべり、または、落ち着きがない。

○ 遊び的な活動は好きだが、勉強的な活動は嫌がる。

○ 一つの遊びにこだわり、指示に従って止めることができない。

○ すぐに切れる。

○ 身辺処理が雑。

○ 休みが多い。

○ 小さい子どもと遊びたがる。

　このタイプにもつ違和感はそれこそ千差万別・多種多様です。それらの困った言動等はどうして起こるのでしょうか。それは、その子どもの脳が年齢相当に発達しておらず、少し幼い思考をするからです。周りの子どもに比べて少し幼い思考、それがほとんどの困った言動の一次的な原因です。

　そして、これまでまとめた他のタイプと異なる点ですが、このタイプの子どもの困った言動には二次的な原因もあります。一次的な原因で失敗することが多く、自信とやる気を失っているために問題が生じている場合もあります。たとえば、学習の邪魔をする、反抗的態度が目立つなどの言動は、二次的なものと考えられます。失敗をしないですむよう邪魔をしたり反抗したりするのです。また、課題に集中できないということは、幼いため課題自体がその子どもにとって難しいという面と、これまでの失敗経験でやる気をなくしているという面の２つの面を考慮する必要があるでしょう。ですから、支援の方向を考えるうえで、思考の幼さと心情という２つ面から困った言動等を理解してあげる必要があります。

　まとめると、このタイプは、「少し幼い思考をする、そし

むずかしいな……

て、失敗経験の多さが心情にも影響を与えている」と理解する必要があります。そして、そのように理解すれば、支援の方向が見えてきます。

A. 特徴① 幼い思考

　知的な力は、課題をやり遂げる力や落ち着いた態度、自分を律する力や友だちと協調する態度など、総合的な力として発揮されます。

　つまり「幼い」ということは、注意力不足、多動、衝動性、学習能力の未熟さ、コミュニケーション力の足りなさ、想像力の足りなさ、遊びへのこだわり、友だち関係に不器用など、発達障害の特徴的言動と言われているものすべてがあてはまるのです。

　見きわめるポイントは、「頭は悪くない」と思うか思わな

いかの違いです。「頭は悪くない（頭は良い）」と思わない場合、幼い思考をしていると考えれば、違和感をもった子どもの言動のほとんどに納得がいくと思います。

B. 特徴② 心情にも影響

　他のタイプと違って、困った言動が二次的な原因による場合があります。

　人は誰でも他者と自分は同じであると思っています。受験や採用試験などいろいろな経験をしてきた大人でさえ、自分が周りの友だちより頭が悪いとは思いたくないものです。勉強をしなかっただけだという言い訳も用意しています。

　ですから、幼児が自分と周りの友だちは一緒だと思っていても、何の不思議もありません。しかし、いろいろなことをやると、友だちはうまくできたのに、自分はうまくできなかったという経験を繰り返すことになります。その経験のなかで、友だちに馬鹿にされたくないという思いが強くなるでしょう。あるいは、自信をなくしていくでしょう。

　馬鹿にされたくないという思いが強ければ、失敗しそうなことをしないですむよう、邪魔をしたり反抗したり、ときに逃げ出したりするでしょう。馬鹿にされそうになったら友だちに対して攻撃的になることもあるでしょう。自信を失っていれば発想がネガティブになったり、登園を拒否したりする

かもしれません。

　他のタイプと異なる点ですが、うまくできないという一次的な原因が、心情に影響を与えて二次的な原因になっていると理解すれば、幼いというだけでは説明できない子どもの言動に納得がいくと思います。

（2）支援の仕方

　あなたがこのタイプの支援を考えるとき、重要になるのは、「少し幼い思考をする」「失敗経験の多さが心情にも影響を与えている」の２点だけです。とりあえず、この２点をおさえておくだけで、支援の具体策が次々に浮かんでくると思います。

A．支援のポイント①　知的な年齢に応じた支援を

　言葉は意外に早く発達するものなので、普段の会話から脳の発達の緩やかさを見抜くのは難しいです。私が支援場面でこのタイプの子どもを発見する際、一番苦労する点でもあります。

　ですが、このタイプの支援は難しいものではありません。あなた自身いろいろな段階の幼児と接してきて、年少にはこのような指導、年中ならこのような指導、年長には……とさまざまなノウハウをもっているはずです。それをそのまま活

かすことができます。

　発達障害児は視覚優位で、構造化が必要で……などと言われますが、支援の現場ではまったく関係ありません。単に脳の発達が緩やかで、幼い思考をするだけですから、知的な年齢に応じて支援をおこなえばよいのです。保育士さんたちは、私以上のノウハウをおもちのはずです。存分に使ってください。

　B.　支援のポイント②　じっくり丁寧に、心情に配慮して

　このタイプの子どもたちの一番強い思いは、「友だち（あるいは、先生たち）に馬鹿にされたくない」というものです。プライドと表現した方がわかりやすいでしょうか。

　私は、このタイプの子どもに支援をおこなう際、「じっくり丁寧に、プライドに配慮して」という言葉を胸においておきます。

　「じっくり」とは、急かさないことです。また、課題も少なくします。その子どもの知的な力でも時間内に解決できる課題を用意します。

　丁寧に、とは、スモールステップで課題にアプローチさせることです。順を追ってわかりやすく教えてあげるようにします。

　「プライドに配慮する」とは、できない、だめだねという

ような否定的な表現ではなく、○○まではできていたね、あと少しだったね、と肯定的な表現を使うことです。また、他者と比較する相対評価ではなく、前に比べてどうだったかという個人内評価という考え方で学習活動を振り返ってあげることです。

　心情さえわかれば、毎日、何人もの幼児と接している保育士さんですから、私以上に知恵が出て、工夫ができると信じています。思い切って、知恵を出し工夫をしてみてください。

　4.　まとめにかえて

　以上が、私が保育士さんに伝えたい、支援の仕方と考え方です。

　支援の仕方は各保育士さんがアレンジできるようなものを伝えたいと思いましたので、あまり具体的ではありません。少し未消化な感じをもたれた方は、次のような書籍等を手にとってみてください。きっと参考になると思います。

　○　少ない情報で素早く結論を出すタイプ

　　　→発達障害に関する専門書籍。

　○　たくさんの情報で慎重に結論を出すタイプ

　　　→心身症や心の病に関する専門書籍（ただし、心身症や心の病は発症するとドーパミンの分泌が減るなど

脳に変化が現れますので、予防に関するものが参考
になります)。

○ 脳の発達が緩やかで、少し幼いタイプ
　→保育に関する専門書籍。

おわりに

「発達障害」という言葉が世の中に浸透するにつれ、それが疑われる子どもたちに、まるで腫れ物に触るようにかかわる人たちが増えてきました。

特別支援学校に勤務していたとき、ある式典で私の前に座っていた自閉症の子どもが突然足を踏み鳴らし始めました。私はしばらくしてからその子の肩をたたき、「いけないよ」というメッセージを無言で伝えました。すると、その子は理解して、静かになってくれました。けれども、その子の隣に座っていた担任の先生からあとで「担任以外が不用意にかかわると、パニックを起こすかもしれないので……」と言われました。

子どもにとっては、同じことをしたのに、あるときは叱られ、あるときは許される。また、○○先生には叱られ、△△先生には許される。

そのようなことが起これば、自閉症児ばかりでなく、子どもたちは皆、混乱してしまいます。発達障害の傾向が少しでもある子どもたちはなおさらです。本書で述べた「少ない情

報で素早く結論を出すタイプ」は、このような矛盾のある対応をされると、白黒がはっきりしていないので、何が悪いことなのか判断できなくなります。

「たくさんの情報で慎重に結論を出すタイプ」の子どもたちは、悪いことって何だろう？　と考えすぎて、悩んでしまいます。

「脳の発達が緩やかで少し幼いタイプ」の子どもたちは、悪いことをしても許されると思ってしまい、誤った学習をしてしまいます。

実際の支援の場面で、私は「厳しく叱る、優しく諭す、淡々と注意する、無視するなど、伝え方は人それぞれで構わないのですが、園の先生たちが一貫して、“いけないことはいけない”と伝えるだけで、発達障害と言われている子どもたちの問題行動は減るものです」とよく助言します。

発達障害が特殊な障害であるならば、特殊な対応が必要になると思いますが、決して特殊な障害ではありません。ですから、いけないことはいけないと、すべての大人が発達障害児に伝えてほしいと願っています。子どもたちがいけないことをしないですむよう、３つのタイプの特性を理解し、特性を踏まえてわかりやすく教えてほしいと願っています。

発達障害がある子どもでも、集団生活の最低限のルールを守ることができれば、教育現場で問題児扱いされることはあ

まりありません。その結果、小学校・中学校・高校という長いスパンで、友だちと一緒に勉強ができる可能性が高まります。インクルーシブな世界で生きていける可能性が高くなるのです。

　どうか、幼児期にすばらしいインクルーシブ保育を実現してください。そして、その成果を小学校につないでください。発達障害がある子どもとない子どもが共に学んだり遊んだりして生きていけることを、あなたの日々の実践で示していただきたいと願っています。

　　2016 年 4 月

　　　　　　　　　　　　　　　　久 我 利 孝

著 者 紹 介

久我利孝 (くが・としたか)

1959 年　長崎県に生まれる。
1981 年　長崎大学教育学部卒業。その後、長崎県
　　　　立佐世保養護学校など、県下の特別支援
　　　　学校教諭を歴任。
1999 年　長崎大学教育学部附属養護学校で県下初
　　　　（盲・ろう学校を除く）の教育相談部を立
　　　　ち上げる。以来、特別支援教育コーディ
　　　　ネーターを兼務。
2010 年　退職。
退職後、スクール・カウンセラーなどとして小・中
学校等の支援にあたっていたが、この 2、3 年は、
アドバイザーとして、新たに保育園や幼稚園の支援
にもあたっている。

〔主要論著〕
『発達障害の教育相談―理解深化への手びき―』（同
成社、2008 年）。『愛情を花開かせる知恵―発達障
害を理解し子育てや教育を充実させるために―』
（梓書院、2011 年）。『発達障害がある子にわかるた
のしい勉強を』（ぶどう社、2011 年）。

保育士のための　発達障害児の見つけかた

2016 年 6 月 20 日

著 者　久　我　利　孝

発行者　山　脇　洋　亮

印 刷　㈱ 精　興　社

製 本　協 栄 製 本 ㈱

発行所　東京都千代田区飯田橋 4-4-8　　（株）同 成 社
　　　　（〒102-0072）東京中央ビル
　　　　TEL 03-3239-1467　振替 00140-0-20618

ⒸKuga Toshitaka 2016. Printed in Japan
ISBN978-4-88621-728-8　C2037